Der Schatz von

ASAGAN

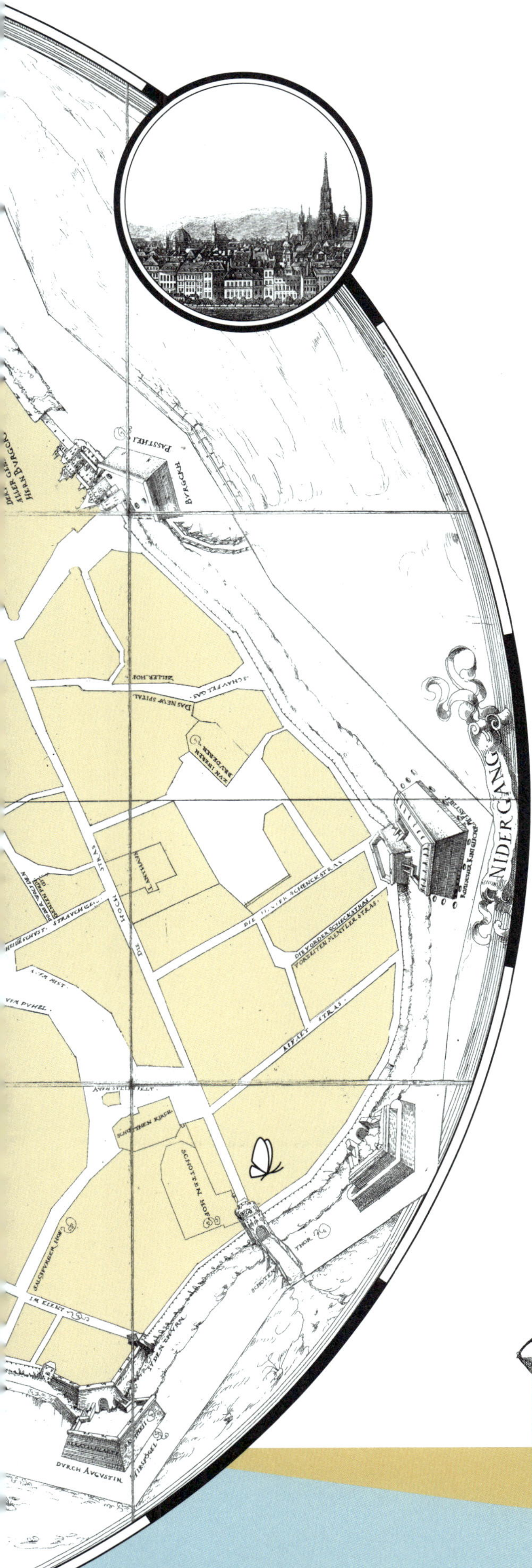

ASAGAN – ECHTE SCHATZ GESCHICHTEN

Donau Fluss.

Kennt ihr die Welt von ASAGAN? Die vielen unglaublichen Geschichten, die hier spielen? In 100 bis 500 Jahre alten Büchern haben wir die Bilder gefunden und dazu neue HeldInnen, die die neuen Abenteuer mit und für euch erleben. Ihr werdet staunen, in ASAGAN oder in der Wirklichkeit – wer weiß das schon?

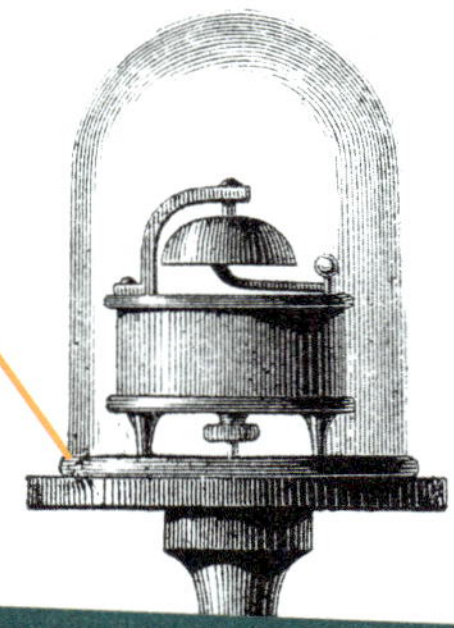

Die Glocke vor dem Riesentor

Als die Glocke um Mitternacht läutete, sprang der Bäcker aus dem Bett. Ein wenig früher als sonst und das mit gutem Grund: Denn heute feierte er mit seinem Freund Leo, dem Käsesammler, großen Käse-Tag!
Wie groß der Käse war, den er von seinem Freund Leo bekam, überraschte den Bäcker dann doch. „Das ist ja ein Riesenstück!", rief er, „Wie kann ich den Käse-Schatz nur lagern, ohne dass es stinkt?" – „Riecht!", besserte Leo ihn aus, doch weiter wusste er im Moment auch nicht. Die Bäckermaus schon: „Kein Problem!", sagte sie und brachte ein gutes Stück davon unter ihre eigene Käseglocke.

GLOCKEN →

Da hatte Leo eine Idee: „Fragen wir die Glockengießerin, vielleicht macht sie dir eine riesige Käseglocke!" – „Um diese Zeit?", runzelte der Bäcker die Stirn. „Sie arbeitet Tag und Nacht an der größten Glocke Österreichs, ich bring euch in ihre Werkstatt vor der Stadtmauer!", bot Leo an.

Als sie bei Johanna ankamen, hörten sie zwei Glockenschläge aus ihrer Werkstatt – schon so spät? Es war Johanna, die gerade eine Glocke fertigte. „Die klingt aber schön!", sagte der Bäcker. „Mein Meisterwerk da drüben klingt noch viel besser", sagte sie, „Wenn ich nur wüsste, wie ich es in die Stadt bringe!" – „Kein Problem!", sagte die Maus und huschte voraus in die große Halle.

Dort stand sie, riesengroß und schwer. „Die größte Glocke im ganzen Land …“, staunte der Bäcker. „Die Pummerin!“, sagte Johanna. „Sie hat einen Namen?“ – „Bei mir bekommen alle Glocken einen!“ – „Das klingt gut! Kann ich sie jetzt hören?“ – „Sobald wir sie zum Stephansdom gebracht haben!“, nickte Johanna. „Wie sollen wir das machen?“, fragte der Bäcker und sah verzweifelt die Glocke an, die größer war als er selbst. „Kein Problem!“, sagte die Maus. Sie hatte schon einen Plan …

Und sie hatte einen Freund, den Elefanten. Der war zwar ein wenig erstaunt, schon so früh geweckt zu werden, doch er mochte seine Freundin, den Geruch von Käse und einen Ausflug in die Stadt sowieso.
So zogen sie am frühen Morgen mit der Pummerin nach Wien. So etwas hatte man noch nicht gesehen! Die Menschen sprangen aus ihren Betten, liefen auf die Straße und jubelten ihnen zu. Alles war schön und gut, bis sie vor dem Tor des Stephansdoms standen.
„Das Tor ist zu klein!", sagte der Elefant. „Die Glocke geht nicht hinein!", der Bäcker. „Aber es ist doch das Riesentor!", Johanna schlug die Hände über dem Kopf zusammen. „Was machen wir jetzt?" –
„Kein Problem!", sagte die Maus und flüsterte dem Elefanten die Lösung ins Ohr.

Der riesige Freund machte einen Riesensatz durch den Eingang und so das Riesentor noch riesiger. So ging die Pummerin in den Dom und die Menschen jubelten, als sie zum ersten Mal erklang. „So schön!", rief der Bäcker und dann: „Schon so spät?"
Und der Käse? „Kein Problem!", sagte die Maus. Sie machten ein Riesenfest, feierten mit der ganzen Stadt Käse-Brot-Tag und teilten ihn einfach – aus.

HEUTE
KÄSE
BROT
TAG
MAUS

Anziehung der Sonne
Ebbe
ERDE

Des Kaisers neueste Kleider

Im kaiserlichen Zimmer stand der kaiserliche Spiegel und davor der Kaiser persönlich. Zum zwanzigsten Mal drehte er sich im kaiserlichen Anzug unter kaiserlicher Krone um sich selbst. Und schimpfte, gar nicht kaiserlich: „Igitt, wie sieht Er heute aus, so geht Er nicht aus Seinem Haus!"
Natürlich erkannte sich der Kaiser im kaiserlichen Spiegel, doch an diesem Morgen redete er nicht nur ein wenig befremdlich, er fühlte sich auch so. Nichts passte ihm an sich. Gerade die Krone war ihm gut genug, doch alles darunter wollte ihm nicht gefallen. So sehr er sich auch drehte und wendete, es wurde nicht besser. Nach dem achtundzwanzigsten Mal riss ihm der Geduldsfaden und er ließ den Hofschneider rufen.

FRANZISCVS I. IMPERAT AUSTR. M DCCC XXVI
Taxi!

„So geht Er nicht aus dem Zimmer!", maulte er, und: „Er möchte sich in einem neuen Anzug beim Umzug sehen!" Der Schneider wurde blass. Denn der große Festumzug begann genau in einer Stunde. Wie sollte er bis dahin etwas Neues fertig haben? Jeder kaiserliche Anzug musste aus feinster Seide gemacht werden. Doch dieses Jahr hatte er den ganzen Stoff schon verbraucht. – Zu oft hatte er etwas Neues genäht. Zu oft hatte sich der Kaiser um sich selbst gedreht. Der Schneider lief von einem Lieferanten zum andern, doch keiner hatte genug feine Seide für den feinen Herrn.

Der arme Schneider war am Ende. Er wusste nicht mehr ein und aus und kam mit leeren Händen zur Tür herein. „Was hat er da? Ah, das ist fein!", empfing ihn der Kaiser mit offenen Armen. Der Schneider wusste gar nicht, wie ihm geschah: „Was sieht der Kaiser da?" – „So einen feinen Stoff hat Er gar noch nie erblickt!", rief dieser. „Mach er Ihm was daraus geschickt! Was an Ihm glitzert und nicht zwickt!" So gut gelaunt hatte der Schneider den Kaiser schon lange nicht mehr erlebt. Er überlegte nicht lange und legte den unsichtbaren Stoff um den Kaiser, der sich schon im feinsten Gewand sah, auch wenn gar keines da war.

„Na, was sagt er dazu?", fragte er den Diener, der ihm seine Kaisersemmel servierte. „Steht es Ihm gut? Wie sieht Er aus?" Der Diener war so verdutzt, dass er nur ein „Eh fesch!" hervorbrachte und sich aus dem Zimmer stahl. „Hervorragend!", lobte der Kaiser den Schneider, „Man wird Ihm jubeln und trompeten, auf in den Trubel, Er will sich nicht verspäten!"
Dem Schneider war nicht ganz wohl dabei, doch der Kaiser schritt einfach in Unterhosen aus dem hohen Haus. „Auf zum Umzug, führt Ihn aus!", sprang er auf die Kutsche, sodass die Pferde sofort losgaloppierten und ihn so vor die Menge führten.

Hoch!
Hoch!
Hoch!

Die Menschen an beiden Seiten der Straße schrien und tobten – der Kaiser dachte, dass sie ihn lobten: Seinen Anzug beim Umzug, der gar keiner war. Der Schneider versteckte sich lieber hinter der Menge, die immer lauter johlte und kreischte.
Nur einer stand da und fand das sehr mutig, dass der Kaiser so nackig war. Er ging zu ihm und half ihm von seinem hohen Ross herunter.
Dann drückte er ihm seine Trommel in die Hand, denn er fand, als Popstar würde der Kaiser eine wirklich gute Figur machen.

Gemeinsam spielten und trommelten sie den ganzen Abend und bald schon sangen alle mit. Es war der beste Festzug, den sie erlebt hatten, die vielen Menschen und die beiden Musiker.

Als der Kaiser am nächsten Morgen aufwachte, war er immer noch glücklich. Von diesem Tag an zog er nur noch kurze Hosen an. Den Stoff, den er sparte, schenkte er weiter. Und der Schneider nähte für alle kurze Hosen, denn die waren der Hit des Sommers.

Popfest

Ich will!!!

Ein Kipferl für Napoleon

Es ist erst fünf, da klopft er schon – der hungrige Napoleon. Ruft an Wiens Stadttor, wie zuvor: „Macht auf, ich will ein Kipferl und Kakao!" Doch nur die Katze macht „Miau" – sonst rührt sich gar nichts in der Stadt, obwohl da jemand Licht an hat. Napoleon, den armen Wicht, hört der Bäcker leider nicht. Da und dort wird jemand munter: „Wer schreit da so?" – „Geht einer runter?" – „In der Früh wollen wir Ruh!" – „Sperrt nicht auf, lasst lieber zu!" Napoleon steht davor …

„Welcher Tor klopft da ans Tor?“ – Napoleon steht noch davor – „Wie kann man nur so lange schlafen?“, schreit er und: „Wo sind meine Waffen?“ Schießt ein Loch, steht dort allein, bis einer ruft: „Wer da? – Herein!“
Es kommt der Bäcker aus dem Haus, bringt seine frischen Kipferl raus. Im dichten Rauch kann er nichts sehen, vor lauter Lärm gar nichts verstehen. Dann endlich doch: Napoleon vorm großen Loch. „Guten Morgen!“, sagt der Held. „Hat hier wer Kakao bestellt? Und ein Kipferl gleich dazu? Du mit dem Hut? – Warst das du?“

Napoleon wird ganz rot. Kauft vom Bäcker Brot, Brezel und noch Milch dazu, bezahlt, gibt Trinkgeld und jetzt Ruh. „Musstest du das Tor zerschießen? Wie sollen wir es denn jetzt schließen?“ Das versteht gerade keiner. Napoleon wird immer kleiner. Er schämt sich, packt die Jause ein, steigt auf sein Pferd und reitet heim.

Der Bäck versteht die Welt nicht mehr. Das ganze Hin, das ganze Her. Doch als er da so ratlos steht und durch das frische Loch durchspäht, sieht er zum ersten Mal – wie schön! – die Sonne in der Stadt aufgehn.

Sie scheint hell in alle Straßen, Häuser, Wohnungen und Gassen. Weckt sanft die, die jetzt noch schnarchen: das Wiener Volk und den Monarchen – die hungrig aus den Betten rollen, zu ihm kommen,
Kipferl wollen. Mit Kakao, so wie Napoleon –
doch der ist lange schon davon.

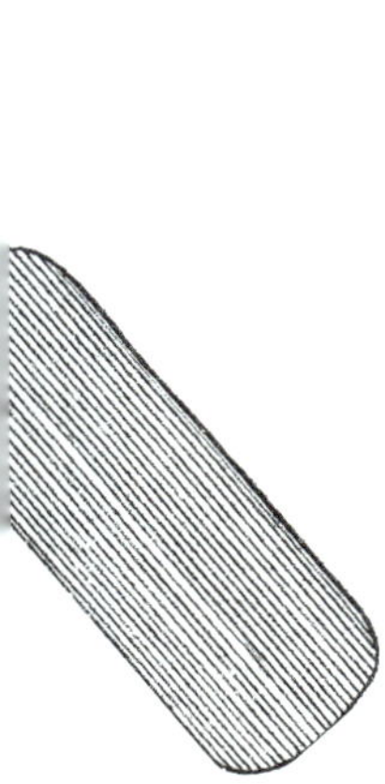

Wien
Paris

Der schaut noch einmal auf die Stadt, die die besten Kipferl hat. Sieht, wie sie in der Sonne lacht, nie wieder das Tor zumacht. „Du schönes Wien, ich bin dahin! Ich muss dringend nach Paris!" – macht vom Kipferl einen Biss. Dort hat er nur noch eins im Sinn – seine Lieblingsbäckerin: „Bäckst du mir das in der Früh?" – „Aber sicher, ohne Müh!"

Am nächsten Morgen schon um vier riecht es im Stall nicht mehr nach Tier.
Es riecht nach Kipferl und Kakao! – Napoleon sagt „Mmh!“ und „Wow!“ und:
„Kipferl ... heißt es hier auch so?“ – „In Paris nenn ich's Croissant!“, die Bäckerin
freut sich und lacht – das hat sie schon gut hingebracht.
Sie kann ihr Glück noch gar nicht fassen, bald riecht es gut in allen Gassen.
Schon bäckt sie für die ganze Stadt, damit jeder ein Kipferl hat. Auch der
Wiener Bäcker freut sich sehr über Paris und noch viel mehr:
Auf der ganzen weiten Welt wird Kipferl mit Kakao bestellt!

Donau-Drachen

Eine Geschichte von Mia Kirsch

Hanna und ihr Drache hoben ihre Köpfe. Aufmerksam lauschten sie in die Stillensteinklamm. Etwas näherte sich. Sie mussten nicht lange warten, da sahen sie etwas Gelbes hinter den Felsen blitzen. Dieses Mal hatte der Postbote aber keinen Brief und kein Paket mitgebracht, sondern ein Gerücht: „In Wien, sagen sie, gibt es jetzt auch einen Drachen! Er wohnt unter der Stadt und ist sehr gefährlich, sagen sie!“

Hanna und der Drache blickten einander ungläubig an – ein gefährlicher Drache? – Das wollten sie mit eigenen Augen sehen! Sie machten sich auf den Weg und flogen an der Donau entlang, über Burgen, Schiffe und Dörfer hinweg. Überall winkten ihnen die Menschen freudig zu. Sie alle kannten die mutige Hanna und ihren freundlichen Drachen. Dann näherten sie sich den Stadtmauern Wiens.
Von dort sahen die Einwohner zweifelnd und angsterfüllt zu ihnen empor. Auch in der Stadt hatte man von dem Mädchen und ihrem großen Freund gehört. Aber hier kannte man nun auch die Geschichte vom Drachen, der jeden, der ihn ansah, zu Stein werden ließ.

Als sie am großen Post-Gebäude ankamen, erwartete Ferdinand sie schon aufgeregt. Er war der Cousin des Postboten und hatte den Auftrag, sie zum gefährlichen Wiener Drachen zu führen.

Sie kamen zu einem Platz, in dessen Mitte ein Brunnen stand. „Die Bäckerstochter und der Stallbursche sind dem Drachen schon begegnet", gruselte sich Ferdinand. „Der Drache hat sie versteinert und ..." – „Und dann? Wo sind sie jetzt?", fragte Hanna und näherte sich dem Brunnen, aus dem seltsame Geräusche aufstiegen. Ferdinand zögerte, dann flüsterte er: „Sie sind nie wieder aufgetaucht!" Hanna beugte sich über den Brunnenrand. „Mach mir Licht!", bat sie ihren Drachen. Aus seinem Maul stieg ein warmes, helles Feuer, das den Brunnenschacht erleuchtete. Hanna stieg in den Eimer und ließ sich von Ferdinand hinunterkurbeln.

Unten angekommen, sah sie einen Lichtschein am Ende des felsigen Ganges. Auch die seltsamen Geräusche von vorhin schienen von dort zu kommen. Hier unten klangen sie allerdings weit menschlicher. Und umso näher sie der Quelle kam, desto klarer wurden die Geräusche: Aus dem Schreien und Jammern wurde bald ein Lachen und Jauchzen!
Sehr lebendig und gar nicht versteinert standen dort die Bäckerstochter und der Stalljunge. Sie hießen Hanna freudig willkommen und erzählten ihr, warum sie hier unten waren. „Den Drachen gibt es echt! Aber die da oben haben Angst vor ihm und wollen ihn vertreiben! Das können wir doch nicht zulassen!" Mit diesen Worten gaben die Kinder den Blick frei auf das Wesen in ihrer Mitte: Ein kleines Tier, mit langem Schwanz und großem gezackten Kamm auf dem Rücken. „Ein echter Donau-Drache! Ihr seid die Beschützer des Drachen!", lachte Hanna glücklich.

Gemeinsam stiegen sie wieder hinauf, lüfteten das Geheimnis und erzählten, wie Hannas Drache einst ein ganzes Dorf rettete. Jetzt verstanden auch die anderen, dass Drachen nicht gefährlich, sondern echte Schätze sein konnten! Und auf etwas wirklich Wertvolles passten sie natürlich gut auf. Hanna und ihr Drache drehten noch eine Runde über der Stadt, bevor sie wieder nach Hause flogen. „Wien aus der Drachenperspektive", titelte die Zeitung, die Ferdinand am nächsten Tag in die gar nicht so stille Stillenstein-klamm brachte. Schon aus der Ferne hörte er Hanna und ihre neuen Freunde lachen und jauchzen!

Gold für Pech, Marie

Eine Geschichte von Mia Kirsch

Diese Geschichte spielt zu einer Zeit, als Wien noch sehr viel kleiner war als heute. Auch die Donau verlief anders, wild und verzweigt vor den Toren der Stadt. Die Einwohner hatten nicht viel. Es schien fast, als würden sie in einer Pechsträhne stecken, denn nichts wollte ihnen so recht gelingen: Der Schusterin riss das Leder, dem Bäcker verbrannte der Teig und den Händlern am Markt vertrieb der Regen die Käufer.

Zu dieser Zeit lebte und bewegte sich Marie durch den Tag und die Stadt. Und auch ihr geschah Unglückliches: Schon am Morgen fiel ihr der Teekessel aus der Hand, die Hühner ließen sich nicht fangen und das Geld für den Markt verlor sie auf dem Weg dorthin. Und mit jedem Unglück, das geschah, färbte sich eines ihrer hellen Haare pechschwarz. Als sie stolpernd angekommen war, waren es bereits mehrere dicke Strähnen, die ihr schwer vom Kopf herab hingen. Froh um jede Ablenkung von ihrem eigenen Pech, lachten die anderen über Marie. Und so geschah es, dass sie traurig durch das Stadttor und dann noch weiter davon lief.

Marie stolperte über Äste und Steine und ihr Haar wurde immer schwärzer und schwerer. Erst als sie nicht mehr konnte, sank sie müde auf einen Stein am Wasser und sah sich um. Sie war tief in das wilde Sumpfgebiet der Donau gelaufen, in das sich zu jener Zeit kaum einer wagte. Wie sollte sie den Weg zurück in die Stadt wiederfinden? Marie ließ den Kopf hängen und ihr schweres, langes Haar legte sich auf das Wasser zu ihren Füßen. Als sie ihre tränennassen Augen öffnete, sah sie etwas am Grund des Flusses schimmern.

Sie wischte sich die Augen trocken und sah noch einmal hin. Strahlend hell glänzten dort winzig kleine Steine wie Sterne. Marie bückte sich, streckte ihre Hand aus und wollte gerade danach greifen, da verlor sie das Gleichgewicht und fiel vornüber ins Wasser. Der Fluss, eben noch knöchelseicht, zog sie mit sich in die Tiefe. Da stand sie nun, am Grund der Donau, umgeben von den schönsten Goldstücken und strahlendsten Steinen. Marie tanzte lachend und staunte über den Schatz, auf den sie gestoßen war.
„Nur schade", dachte sie, „dass die anderen das nicht sehen können."
Marie strich über einen der größten goldenen Felsen und überlegte noch, ob sie ein wenig davon mit in die Stadt nehmen konnte. Aber sie schüttelte den Kopf: „Es gehört mir nicht." Da hörte sie eine feine Stimme hinter sich: „Wir könnten tauschen!"

Dort saß die Donaunixe auf einem Stein, mit einem prachtvollen goldenen Vogel an ihrer Seite. Beide sahen Marie freundlich an: „Ich könnte gerade ein wenig Pech gebrauchen, um dem Biber beim Bau seines Dammes zu helfen und die Stadt vor Hochwasser zu schützen." Pech? Marie zögerte ein wenig, dann verstand sie und freute sich. Gemeinsam mit der Donaunixe strich sie das Pech aus ihren Haaren. Zäh floss es herab und tropfte in eine große Schale. „Nicht alles!", riet die Donaunixe. „Ein bisschen was brauchst du noch!" – und dann zeigte sie ihr wozu. Marie ließ ihre Haare über den goldbedeckten Grund gleiten und tatsächlich: Tausende Goldkörner blieben in den übrig gebliebenen Pechsträhnen in ihren Haaren hängen!
Die Donaunixe brachte Marie an die Oberfläche und bat den goldenen Vogel, sie sicher zurück in die Stadt zu begleiten: „Wenn du mal wieder Pech hast, komm mich besuchen! Gemeinsam verwandeln wir es in einen echten Schatz!" Beide lachten.

Als Marie durch das Stadttor trat, wurde sie freudig begrüßt. Die Anderen hatten sich bereits Sorgen um Marie gemacht und sie überall gesucht. „Wo warst du?", fragten sie und Marie lächelte geheimnisvoll: „Ich habe mich dort verlaufen, wo sich sonst nur das Wasser verläuft." Mit dem Gold der Marie bauten die Einwohner gemeinsam eine breite Allee bis in das Sumpfgebiet der Donau. Den Weg fanden auch Händler und Seefahrerinnen aus der ganzen Welt und so wuchs Wien und wurde zu einer der reichsten und schönsten Städte.

Goldener Vogel
ZUM MITSINGEN

Goldener Vogel,
trägst tausend Geschichten mit dir,
von Wesen und Ahnen
und eine erzählt auch von mir.

Goldener Vogel,
trägst tausend Geschichten hierher,
von Wesen und Ahnen
und eine erzählt auch von dir.

Bist aus Schaum geboren,
aus Feuer aufgewacht.
Du hebst die Schwingen auf
und tröstest in der Nacht.

Goldener Vogel,
trägst tausend Geschichten hierher,
von Wesen und Ahnen
und eine erzählt auch von dir.

Umarmst die Traurigkeit
und schaust ihr ins Gesicht.
Du hebst die Schwingen auf
und fliegst mit ihr ins Licht.

Goldener Vogel,
trägst tausend Geschichten hierher,
von Wesen und Ahnen
und eine erzählt auch von mir.

Wenn nach einem langen Tag
der Abend mich einhüllt,
freu ich mich schon auf den Traum,
der mich bei Nacht erfüllt.

Wenn in einer ruhigen Stunde
ich ins Leere schau,
folge ich bald deinem Flug,
weil ich dir blind vertrau.

Goldener Vogel,
trägst tausend Geschichten hierher,
von Wesen und Ahnen
und eine erzählt auch von mir.

Goldener Vogel,
trägst tausend Geschichten hierher,
von Wesen und Ahnen
und eine erzählt
auch von dir.

Ein Lied von Nina Bauernfeind –
Die Donaupiraten

Kyselaks Kyselaks

Als Joseph Kyselak Sonntagabend von seiner langen Reise nach Hause kam, staunte er nicht schlecht. Am Eingang zur Stadt stand einer, der sah so aus wie er. Und sprach auch so. „Guten Abend!“, sagte Kyselak. „Guten Abend!“, der andere.
Verwundert wanderte er durch die Innenstadt über den Stephansplatz, da saß am Eingang zum Dom noch so einer. „Na, so was!“ Kyselak schüttelte den Kopf und ging schnell weiter. „Na, so was!“, sagte der dort saß. Kyselak war viel zu müde, um darauf zu reagieren. „Gute Nacht!“, rief er am Stadttor, ohne stehen zu bleiben. „Gute Nacht!“, wiederholte jetzt schon der dritte das, was er vorhin gesagt hatte.

I·KYSELAK

Joseph Kyselak wohnte gleich hinter der hohen Stadtmauer. Als er am Montag in der Früh durch das Tor zurück in die Arbeit ging, sah er den dritten Mann schon wieder. „Guten Morgen!", sagte er. „Guten Morgen!", antwortete höflich der andere. „Guten Morgen!", auch der Mann am Eingang zum Haus und „Guten Morgen!", der vor seinem Büro. Alle sahen aus wie er!
Ob es daran lag, dass er so müde war? Er hatte kaum geschlafen, dafür vielfach geträumt. Und der Traum schien sich auch am Tag zu wiederholen. Überall sah er sich selbst oder einen, der genauso aussah, so angezogen war und auch so redete.

ZUM KYSELAK

Selbst der Wirt in der Mittagspause war nicht mehr der alte. Servierte ihm die Suppe mit einem „Mahlzeit!", das genauso klang wie seines. „Mahlzeit!", antwortete Kyselak. „Moment!", dachte er sich. „War das jetzt ich?" – „Haben wir soeben das Gleiche gesagt?" – „Sehe ich so aus wie alle anderen oder sehen die anderen so aus wie ich?"

Er musste an Nuna und Nanu, die Zwillinge im Nachbarhaus, denken, die einander so ähnlich sahen, dass sie sich selbst nicht auseinanderhalten konnten. Jetzt ging es ihm genau wie ihnen, nur dass er gar keinen Zwillingsbruder hatte. Warum begegnete er sich also überall?

„Joseph Kyselak!", rief da plötzlich jemand. Es war der Kaiser selbst! Die beiden verband seit längerem ein seltsames Spiel, bei dem sie versuchten, einander immer zuvorzukommen. „Guten Tag, Eure Majestät!", rief Kyselak. „Guten Tag ...!", hörte er den Kutscher und den Diener rufen. Alle sahen aus wie er. Nur nicht ganz so verzweifelt.

Gab es außer dem Kaiser keinen mehr in der Stadt, der nicht so war wie er? Wie hatte er das nur angestellt? „Gefällt dir das?", fragte der Kaiser und freute sich, dass er dieses Mal einen Schritt voraus war. Kyselak konnte es nicht fassen, also fuhr der Kaiser fort: „Wir haben uns gedacht, alle kennen dich und deinen Namen, da haben wir gleich mehrere von dir gemacht!" – „Wunderschön! Danke und auf Wiedersehen!", stammelte Kyselak, der es gar nicht schön fand, sich überall wiederzusehen. „Wunderschön! Danke und auf Wiedersehen!", riefen auch der Kutscher und der Diener, fuhren mit dem Kaiser davon und ließen Kyselak ratlos zurück.

In der nächsten Nacht schlief Joseph Kyselak gar nicht mehr. Doch schon am Morgen hatte er eine Idee, die er gleich auf dem Weg in die Stadt umsetzte. „Komm mit!“, sagte er zum ersten, der aussah wie er. „Komm mit!“, sagte der zum nächsten und „Komm mit!“ der dritte zum vierten. So ging das durch die ganze Stadt und in jeder Straße und Gasse und bei jedem Haus und am Ende wanderte eine ganze Schlange mit Joseph Kyselaks hinaus.
„In die Berge!“, rief er, versteckte sich schnell und sah zu, wie sie alle an ihm vorbei „In die Berge!“ riefen und gingen. Er selbst lief zurück und schloss das Stadttor hinter sich. Heute gab es nur einen Joseph Kyselak in der Stadt. Doch morgen vielleicht schon viele Kaiser.

I·KYSELAK

IKYSA

BAUANLEITUNG

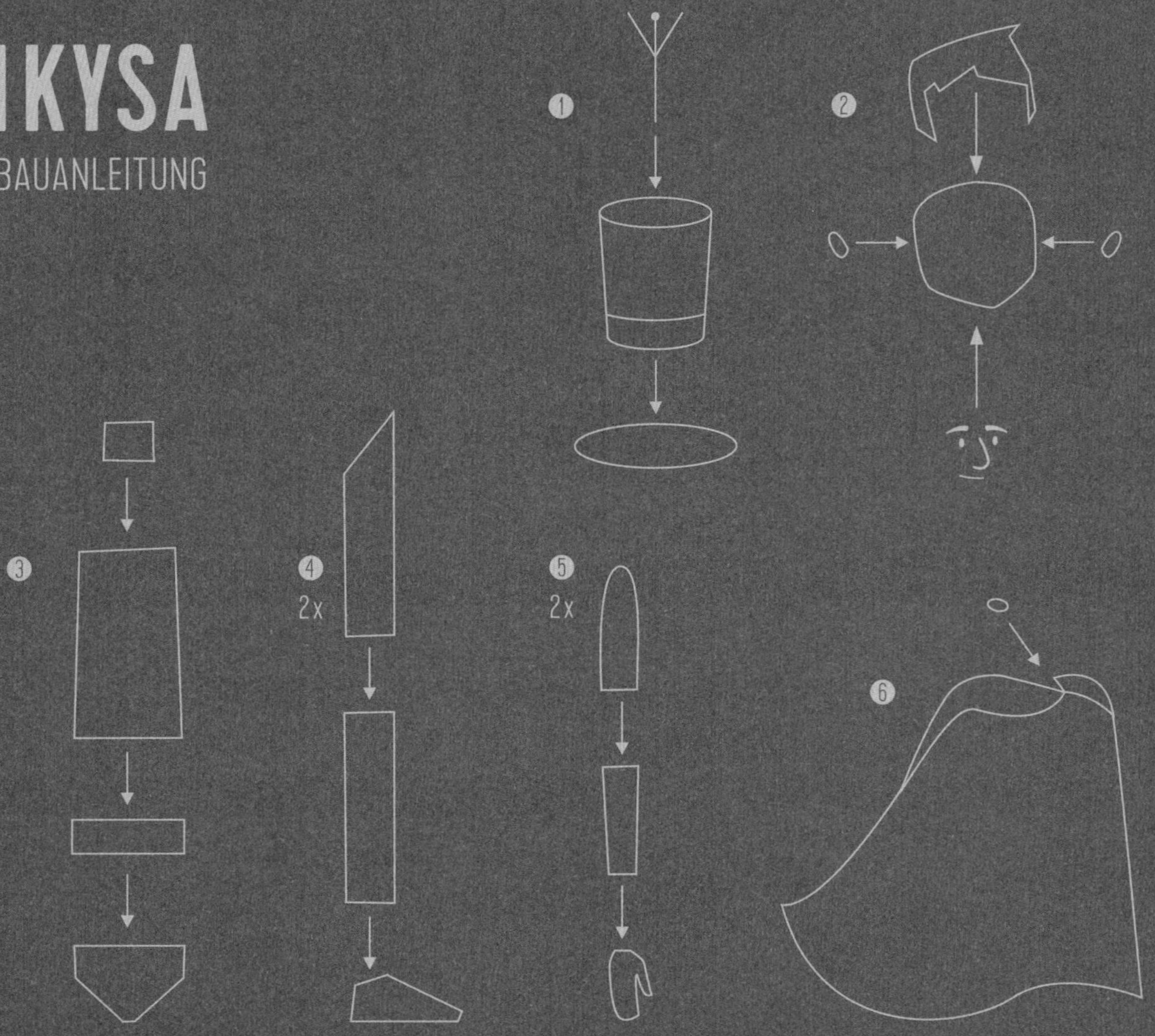

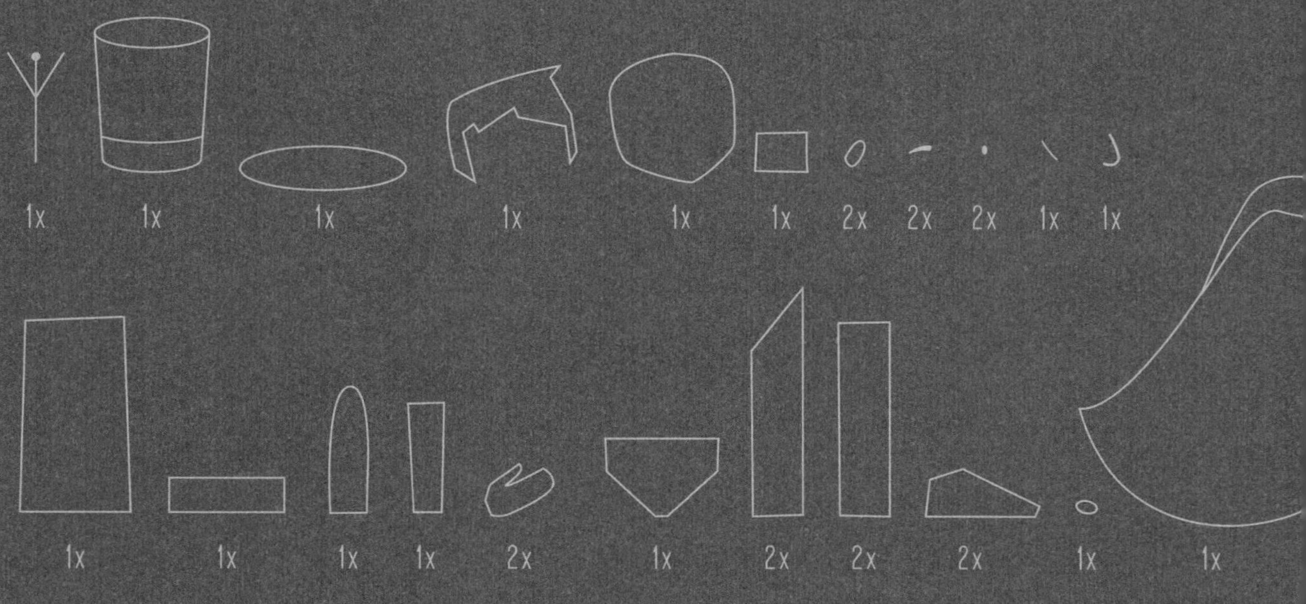

21x

Piraten!
Ratten?
Piraten?
Piraten!!!

Der Schatz der Donaupiraten

„Piraten!“, schrien die Kinder am Flussufer. „Piratin!“, der Fischer an der Donau. „Piraten!“, verbreitete sich die Nachricht wie ein Lauffeuer am Markt. Die Händler ließen alles liegen und stehen und rannten davon, als die Donaupiraten die Stadt enterten.

„Na, was denn sonst?“, sagte Jonny, der Kapitän, der als erster vor den leeren Ständen stand. „Marsmenschen vielleicht?“ – „Wir sollten uns vielleicht etwas anderes anziehen, wenn wir in die Stadt einkaufen gehen“, meinte Jenny, die Steuerfrau. „Was denn?“, maulte Jonny, „Ich hab nichts anderes!“ – „Deshalb sind wir doch da!“, Jenny sah ihn groß an. „Ich brauche aber nichts anderes“, schüttelte Jonny seinen Kopf. „Doch!“, beharrte Jenny. „Heute zum Beispiel, damit nicht gleich alle davonlaufen!“

F
ER
NROH
REMEGAPIXEL
KANNSTDUDASNOCH
LESEN?

„Ich finde das ganz praktisch!“, mischte sich Jimmy ein.
„So kann man ungestört stöbern und muss sich nicht anstellen.“ –
„Ja, aber niemand hilft einem“, murrte Jenny. „Immer diese Selbstbedienung!“ –
„Da, schaut mal her!“, rief Jimmy begeistert. „Nicht schon wieder ein neues Fernrohr!“, seufzte Jonny. „Das ist aber viel schneller als meines! Mit mehr Megapixel und Extra-Weitwinkel!“ – „Dein altes ist gut genug!“, sagte Jonny. „Wir brauchen es nicht. Wir rauben kein Schiff mehr aus. Wir sind reich!“ – „Ja eben!“, meinte Jimmy, „Wir sollten etwas davon ausgeben!“ – „Sicher nicht vom Piratenschatz!“, hatte Jonny das letzte Wort.
Er wollte eigentlich schon wieder nach Hause. Jenny war aber inzwischen bei den Tüchern gelandet und hatte sich in diese verwickelt. „Helft mir!“, schrie sie. „Wir befreien dich!“, nahm Jonny das Messer. „Nicht zerschneiden!“, rief Jenny, „Die brauchen wir noch!“ – „Wir?“, lachte Jimmy, „Nähst du uns allen neue Kleider?“ – „Oder basteln wir eine Geisterbahn?“, spottete Jonny. „Nein, ich habe eine viel bessere Idee, ihr Langweiler!“, gab Jenny zurück und ließ die beiden den Stoff einpacken. Sie legte das Geld dafür auf den Tisch und gemeinsam schleppten sie das riesige Paket auf ihr Schiff, die Enterbrise.

„Und jetzt?“, Jonny und Jimmy saßen erschöpft auf der Seilerstätte. „Jetzt nähen wir!“, antwortete Jenny bestimmt. „Wir?“, riefen beide gleichzeitig. „Fürchtet ihr euch etwa vor einer Nadel?“, die beiden schüttelten den Kopf. „Wir haben vor gar nichts Angst!“
„Das ist gut, dann legt los!“ – „Aye, aye!“, sagte Jimmy und stach in den Stoff. Jonny brauchte noch ein wenig, dann legte auch er los. So saßen die drei vier Tage und fünf Nächte und als sie fertig waren, sahen sie Jenny an. „Und nun?“ – „Habt ihr immer noch keine Idee?“, Jenny schon! Die war waghalsig, kühn und etwas abgehoben – ob das klappen würde …?

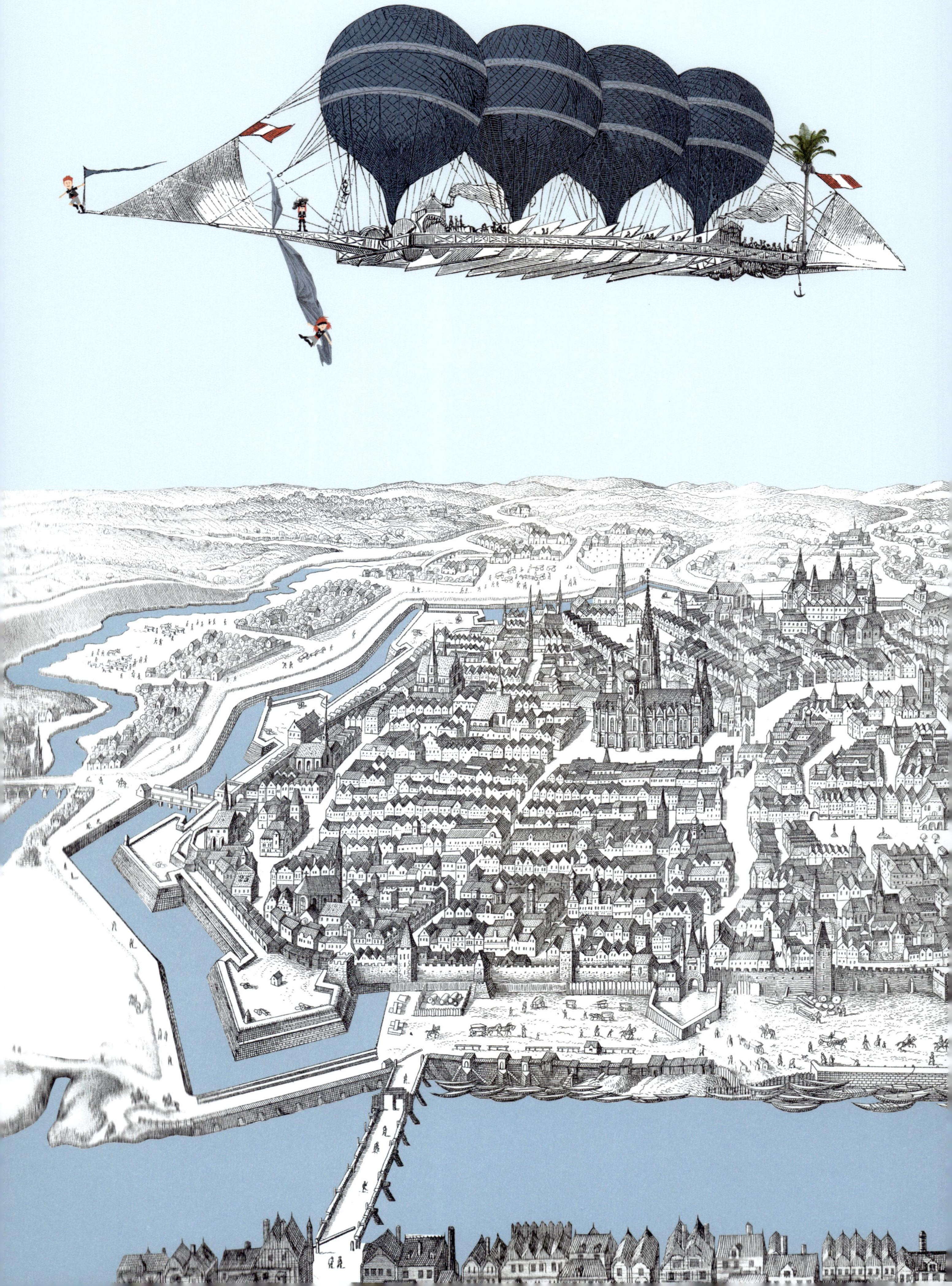

„Piratin!“, schrien die Kinder am Flussufer. „Piraten!“, der Fischer und lief in die Stadt. „Piraten!“, verbreitete sich die Nachricht wie ein Lauffeuer am Markt. Die Händler ließen alles liegen und blieben stehen. Niemand lief davon. Alle schauten nach oben.

Dort flog über der Stadt das erste Luftschiff, das sie je gesehen hatten. „Danke für den guten Stoff!“, rief Jenny hinunter und macht Luftakrobatik auf den neuen Tüchern. „Können wir vielleicht kurz anhalten und doch ein Fernrohr kaufen?“, fragte Jimmy, „Ich könnte jetzt ein stärkeres gebrauchen!“. Jonny hörte ihn nicht einmal. Er stand stolz auf der neuen Enterbrise und steuerte sie in die weite Welt hinaus. Zum Abschied warf er eine Flaschenpost in die Donau vor der Stadt. In ihr steckte zwar nicht der Piratenschatz, aber eine Schatzkarte! Während man die Flasche in der Donau suchte, flogen die Donaupiraten in neue Abenteuer. Ihr Schatz tauchte lange nicht auf.

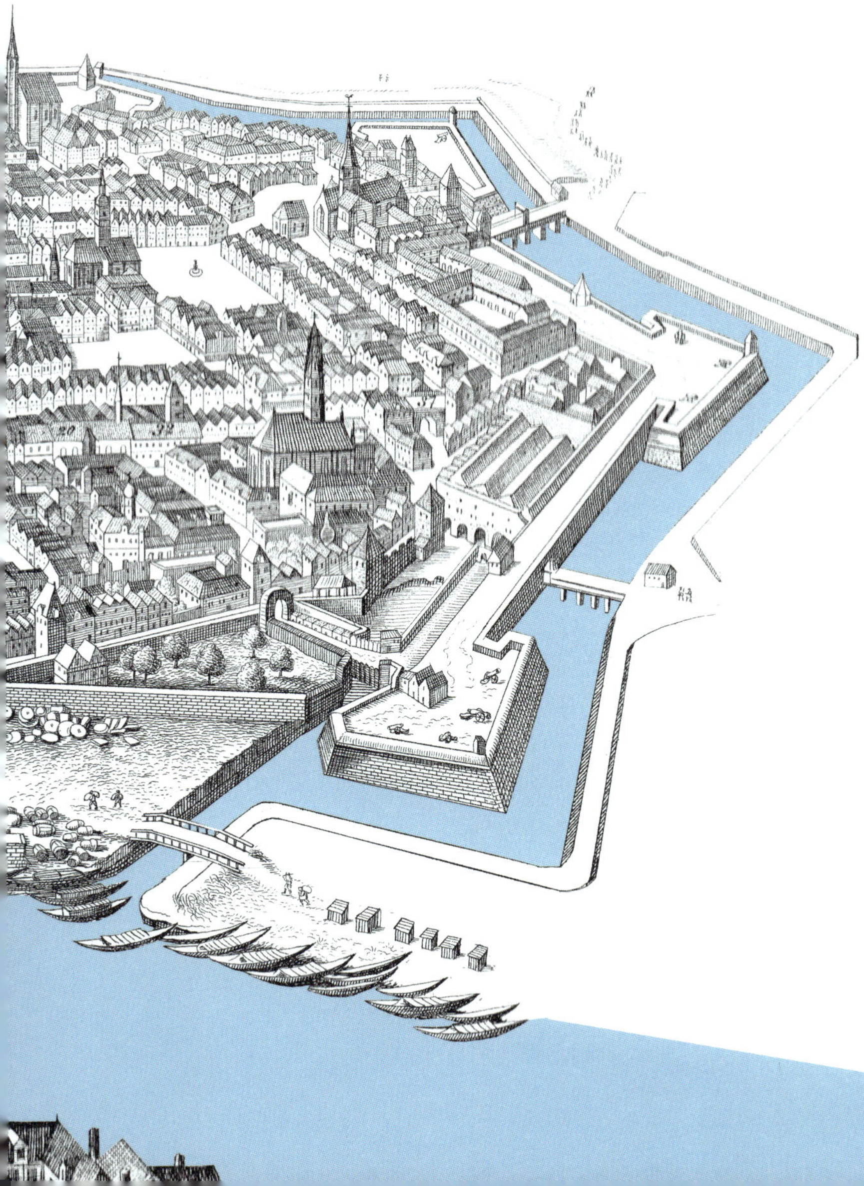

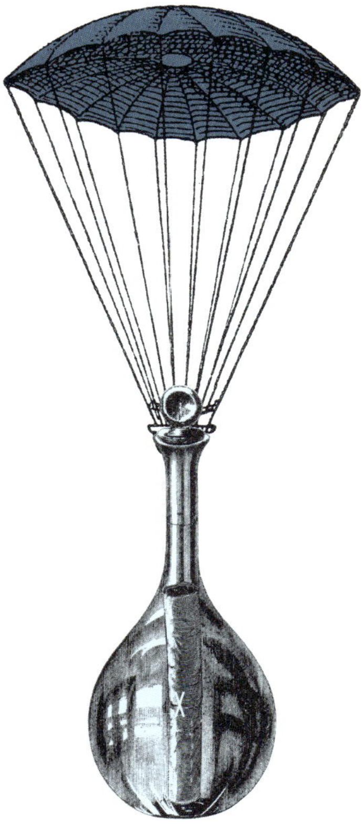

Bis eines Tages drei Kinder beim Piratenspiel ein tiefes Loch in den Donausand gruben und auf etwas Hartes stießen. „X“ stand auf der Flaschenpost, die Pia in der Hand hielt. Sie kannte die Geschichten, die über die Piraten erzählt wurden. Vorsichtig öffnete sie die Flasche und die Schatzkarte darin: Da war nicht nur der Schatz eingezeichnet, es stand auch ihr Name darauf: „Für Pia!“ Wie konnte Jonny wissen, wer die Flasche finden würde? Oder hatte Jenny die Idee? Vielleicht war es Jimmy, der in seinem Ausguck immer ein wenig weiter sah?

Liebe Pirate!

Die wilde Augustine

„Oh, du liebe Augustine! Du kennst doch Opas Geschichte?“ Augustine nickte. „Klar doch, Oma! Alle kennen sie!“ – „Warum gehst du dann fort in die Stadt? So wie dein Vater, den wir schon lange nicht mehr gesehen haben?“ – „Weil ich von ihm geträumt habe, liebe Oma!“, erwiderte sie und gab ihr einen Kuss. „Meine drei Augustins … so große Träumer!“, schüttelte Oma den Kopf und ihr Taschentuch zum Abschied.
Mit ihrer geliebten Laute machte sich Augustine auf den Weg nach Wien. Unterhalb der Weinberge lag die Stadt am Fluss im Abendlicht. Genau so hatte sie es in ihrem Traum gesehen.

AUGUSTINE
... gute neue Nachrichten

„Augustine, Augustine!", hörte sie gleich am Eingang der Stadt. Was für eine nette Begrüßung! „Ja?", antwortete sie fröhlich und bekam dafür eine Zeitung, auf der ihr Name stand: „Augustine – Gute neue Nachrichten – 2 Taler." Sie gab der Straßenverkäuferin gleich fünf, so freute sie sich. Was wohl gut und neu in Wien war?

Sie konnte gar nicht aufhören zu lesen. Las sogar im Gehen. Las und las und vergaß für einen Moment, weshalb sie eigentlich in die Stadt gekommen war. Sie sah nur noch bunte Bilder und nicht mehr auf den Weg. Und beim nächsten Schritt war sie hin und weg.

AUGUSTINE

Sie fiel in ein Loch, das sie übersehen hatte, und fand sich in einem tiefen Keller wieder. Es war ein Wunder, dass ihr nichts passiert war. Sie dachte an ihren Großvater Augustin, der vor langer Zeit in eine Grube gefallen war und trotzdem weiter gesungen hatte. Eine Geschichte, die man sich immer noch erzählte, und ein Lied, das auch heute noch jeder kannte.
Wo war sie gelandet? Es roch … süß! Nach süßen Trauben, die sicher auch hervorragend schmeckten. Als Augustine gerade kostete, hörte sie einen vertrauten Gesang: „Oh, du liebe …“ – „… Augustine!“, sang sie weiter, nahm ihre Laute und folgte der Melodie. Sie tastete sich durch die Dunkelheit, bis sie ein Licht sah. „Augustine …“, sang der, der dort saß. „Augustin!“, rief Augustine, als sie ihn erkannte – es war ihr Vater!

Mer Glaciale
Sibérie
OCÉAN
Iles Britanniques
Russie
France
Autriche
Perse
Tatarie
Méditerranée
Syrie
EUROPE

„Was machst du denn hier?“, fragten beide gleichzeitig. Nachdem Augustine von ihrem Traum erzählt hatte, erzählte der Vater von seinem: „Jeder kennt bloß diese eine Geschichte über deinen Großvater. Ich träume davon, auch die anderen zu erzählen. Ich erträume mir eigene Geschichten und schreibe eine, die von uns erzählt!“
„Erzähl mir die Geschichte!“, bat Augustine. „Gut, schließ die Augen!“, sagte Augustin, nahm sie an der Hand und mit in seine Welt.

S. Petersbourg
EMPIRE RUSSE
Sibérie
Astrakhan
Afghanistan
Mer Rouge
Golfe d'Arabie
I. Sumatra

Als Augustine die Augen öffnete, sah sie Palmen, Elefanten und die unglaublichsten Dinge, von denen sie bis jetzt nur gehört, sie aber noch nie gesehen hatte. Die ganze Welt hatte ihr Vater hier unten und konnte sie bereisen, ohne zu fliegen. Augustine war sprachlos. „Mir fehlen die Worte!", sagte sie, als sie endlich wieder sprechen konnte. „Mir fehlt deine Stimme!", nickte der Vater und stellte sie vor sich auf eine große Bühne. Augustine stimmte ihre Laute und dann ein Lied an.

Es drang durch die Kellerräume und deren dicke Mauern nach oben und brachte die Menschen zu ihnen. Die ließen sich fallen und tauchten in die schöne Welt und die Geschichten ein, die Augustine und Augustin ihnen erzählten. Wenn sie nach Hause gingen, nahmen sie eine Flasche Traumsaft mit, den Augustin aus den süßen Trauben im Keller frisch gepresst hatte. So verbreitete sich der süße Geruch und Geschmack in der ganzen Stadt.

Als dann eines Tages auch die Großmutter vor ihnen stand, staunten sogar die Augustins. Nicht zuletzt, weil sie auf einer Giraffe in die Stadt geritten kam!

„Was schaut ihr so groß, meine Lieben?", fragte sie.

„Nicht nur ihr habt große Träume!"

1815

WISSENS SCHATZ

Dieses Lexikon zu den Geschichten von ASAGAN entstand auf vielfachen Wunsch und beinhaltet das Wissen, das den Geschichten zugrunde liegt. Wir hatten viel Freude beim Schreiben und so möchten wir diese weitergeben. Wenn ihr mehr wissen wollt, wendet euch an die WissensvermittlerInnen in Museen, Schulen, Bibliotheken und besucht die Plätze, die es wirklich gibt! Tipps und Links findet ihr auf www.asagan.at

WISSENS
SCHATZ

Die Glocke vor dem Riesentor

Geschichte in der Geschichte › Seite 5

Die Glocke für den neuen Dom ist so groß, dass sie nur mit Müh und Not ihren Weg in die Stadt findet. Ob man sich ausgerechnet am Riesentor verrechnet hat?

Der Stephansdom ist ein Wahrzeichen Wiens und wird liebevoll „Steffl" genannt.

Der höchste Turm

Der Südturm des Stephansdoms ist 136,4 m hoch. Auf 72 m Höhe befindet sich die Türmerstube, die besucht werden kann! Der Nordturm ist unvollendet und nur 68 m hoch.

Die Pummerin

ist Österreichs größte und schwerste Glocke. Sie wiegt 21.383 kg und hängt im Nordturm des Stephansdoms. Sie ist sogar noch schwerer als die alte Pummerin, die 1945 bei einem Brand abstürzt (18.317 kg).

Glockengießer Johann Achamer gießt die alte Pummerin.

Die alte Pummerin

wird am 21. Juli 1711 in der heutigen Burggasse im 7. Bezirk gegossen.

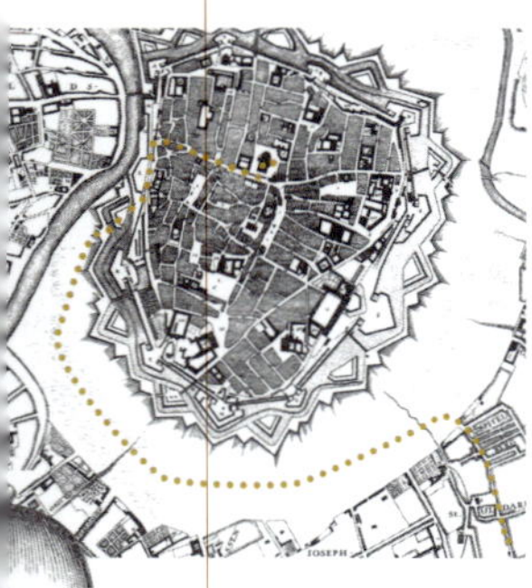

Ein langer Weg

Um sie durch die Stadtmauer ins Zentrum Wiens zu bekommen, muss die Pummerin einen weiten Weg zurücklegen. Denn: Sie ist so groß, dass sie nur durch eines der Stadttore, das spätere Fischerthor in der Nähe des Rotenturmtors, passt.

200 Freiwillige

Da der Transport sehr vorsichtig erfolgen muss, ziehen statt Pferden (oder Elefanten) 200 Freiwillige (Adelige bis Handwerker) die Glocke ins Stadtzentrum.

Klang

Der Name „Pummerin" wird von ihrem tiefen Klang abgeleitet. Sie erklingt aber nur zu ganz besonderen Anlässen. Das erste Mal läutet sie am 27. Jänner 1712. 16 Männer ziehen gleichzeitig am Glockenstrang und sie benötigen 15 Minuten, bis der erste Glockenschlag erklingt.

Manche Glocken klingen ... es gibt aber auch Käseglocken, Kuchenglocken, ...

Riesentor

Die Pummerin ist mit 3,16 m fast genau so groß wie das Riesentor des Stephansdoms – gut gemessen. Nur: Die Pummerin wird auf einem eigens angefertigten Wagen transportiert und der ist etwas breiter als die Glocke. So muss das Riesentor kurzzeitig breiter gemacht werden. Die „Narben" kann man noch heute sehen.

Wird der Kreis neben dem Tor als Größenmaß für Brotlaibe verwendet?

Riesenknochen im Riesentor

Teil des Riesentors ist lange Zeit ein 86 cm langer Mammutknochen. Er wurde wohl beim Bau des Nordturms im Untergrund gefunden und im Riesentor zur Schau gestellt.

Sicher ist, dass die beiden Eisenstangen („Tuchellen") zum Abmessen von Tüchern benutzt werden.

Elefanten in Wien

Bis 1866 schmückt das Bild eines schwarzen Elefanten ein Haus am Graben. Es erinnert an den ersten Elefanten Wiens, der 1552 bei einem Umzug durch die Stadt geführt wird.

Der Domschatz

Zahlreiche Meisterwerke gehören dem Dom. Sie können im Dom-Museum und im Wien Museum besucht werden.

In der Bäckerstraße (Ecke Postgasse) befindet sich ab 1733 ein 45 m hoher Turm – die erste Sternwarte Wiens! Joseph Liesganig leitet sie.

Am Lugeck wohnt um 1860 Carl Ritter von Ghega (Erbauer der Semmeringbahn).

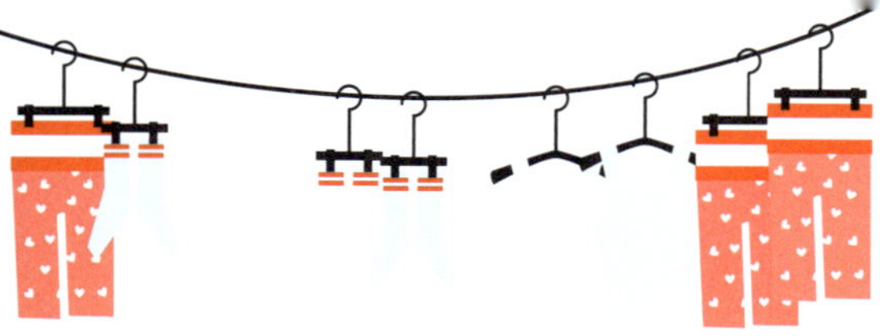

WISSENS
SCHATZ

Des Kaisers neueste Kleider

Geschichte in der Geschichte › Seite 17

Um seinen Reichtum zu zeigen, trägt der Kaiser nur Kleidung aus den wertvollsten Stoffen. Was passiert, wenn diese zu Ende gehen?

Kaiser Franz Joseph I. (1830–1916)

tritt mit nur 18 Jahren die Nachfolge als Kaiser von Österreich an.

Hofburg

Das Arbeitszimmer ist für den Kaiser wie ein Wohnzimmer. Er isst auch dort – oft mit seinen Kindern und Enkelkindern, die dann zu acht um seinen Arbeitstisch herum sitzen. Die Wände schmücken die Lieblingsbilder des Kaisers, die die Kaiserin Sisi mit offenen Haaren zeigen.

Falsche Bärte sind pflegeleichter als echte Bärte und man kann lustige Fotos mit ihnen machen.

Am hohen Ross

Am Heldenplatz stehen sogar zwei Reiter-Statuen und eine davon ist eine echte Meisterleistung: Das Pferd von Erzherzog Karl steht nur auf zwei Füßen! Üblicherweise benötigt eine so große, schwere Statue mindestens drei Standbeine.

Die Ringstraße

führt um das Zentrum Wiens und ist eine der wohl prachtvollsten Straßen der Welt. Auf beiden Seiten stehen viele große, schmuckvolle Gebäude: Neben Museen, Statuen, der Wiener Staatsoper und dem Parlament auch die Universität und das Burgtor.

Karlsplatz

Auch heute feiert man große Feste auf dem Karlsplatz: Vom Popfest bis zum Festival für StraßenkünstlerInnen.

Des Kaisers neue Kleider

ist ein bekanntes Märchen von Hans Christian Andersen. Es erzählt von einem Kaiser, der Trickbetrügern in die Falle geht: Sie hätten Gewänder aus Stoffen, die nur die besten und klügsten Menschen sehen würden. So lobt der Kaiser die schönen Stoffe und trägt mit Stolz: Nichts.

Um 1550 wird die kurze Hose zur Hofkleidung für Männer. Als elegant gilt es, die Hosenbeine mit Kleie oder Rosshaar auszustopfen.

Seidenraupe

Seit rund 5000 Jahren nutzt der Mensch die Seidenraupe zur Gewinnung von Seide – einem der wertvollsten Stoffe der Welt.

Maulbeerbaum

Seidenspinner lieben diesen Baum! Deshalb wird er seit vielen Jahren auch in Europa dazu benutzt, Seidenraupen zu züchten.

Seide in Wien

Vor rund 200 Jahren gibt es rund 600 Seiden-Fabrikanten – die Seidenverarbeitung ist damals eines der häufigsten Handwerke Wiens. Dabei sind die Vorstädte Neubau und Schottenfeld die Zentren der Produktion. Weswegen sie als „Brillantengrund" bezeichnet werden.

Rot-weiß-rot – die Farben der österreichischen Flagge sind älter als Kaiser Franz Joseph. Sie leiten sich vom „Bindenschild", einem Familienwappen aus dem Mittelalter, ab.

Webstuhl

Georg Danzer (1946–2007)

Mit dem Lied „Jö schau" wird Georg Danzer 1975 schlagartig berühmt. Es erzählt von einem „Nackerten" im Hawelka, eines der bekanntesten Kaffeehäuser in Wien.

WISSENS
SCHATZ

Ein Kipferl für Napoleon

Geschichte in der Geschichte › Seite 31

Die ganze Welt liebt das Croissant, das französische Kipferl. Doch eigentlich kommt es aus Österreich! Ob es Napoleon von Wien nach Paris gebracht hat?

Napoleon krönt sich in Paris selbst zum Kaiser.

Napoleon Bonaparte (1769–1821)

ist ein französischer Kaiser und Feldherr.

Vor verschlossenen Toren

Napoleon besetzt Wien 1805 und 1809. Um in die Stadt hineinzukommen, beschießt er die Stadtmauer und reißt schließlich sogar einige Abschnitte nieder.

Glacis

nennt man die Freifläche, die um die Wiener Stadtmauer liegt. Von 1529 bis 1858 ist dieser Bereich der Stadt nicht bebaut, um sich besser gegen Angreifer wehren zu können. Heute befinden sich dort neben der Ringstraße auch Grünflächen, wie zum Beispiel der Stadtpark.

Am Glacis findet man auch Brezel-Verkäufer und Bratelbrater, die Vorgänger der heutigen Würstelstände.

Viel Platz

Das Glacis muss unbebaut bleiben und bietet daher viel Platz für Märkte, Feste und Paraden. Es wird aber auch für die Herstellung von übelriechendem Salpeter, mit dem Schwarzpulver erzeugt werden kann, benutzt.

Mehr Licht!

Die Demontage der Stadtmauer bringt neben Schall und Rauch sicherlich auch viel mehr Licht in die Stadt.

Pferd

Napoleons Pferd heißt Marengo. Es ist 1,45 m hoch, stammt aus Arabien und wird im Kampf mit Napoleon 8-mal verwundet. Schnell, geschickt und mutig kann es die Entfernung von 129 km in 5 Stunden zurücklegen, sagt man.

Der wachsame Bäcker

Eine Wiener Sage erzählt, dass einmal ein wachsamer Bäcker Wien vor einem Überfall gerettet habe. Die Angreifer hätten sich in einem tiefen Gang unter der Stadtmauer durchgraben wollen, doch der Bäcker schlug Alarm.

Auch der Heidenschuss, eine Stelle an der Freyung, erinnert an diese Geschichte.

Kipferl

Der Name „Kipferl" kommt ursprünglich von den spitz zulaufenden Enden eines länglichen Brotes oder Gebäcks, die an Berggipfel erinnern. Schon im 13. Jahrhundert finden sich Hinweise auf das Kipferl. Die krumme Form wird ab 1600 immer bekannter.

Vom Kipferl zum Croissant?

Ähnlichkeit haben die beiden Gebäcksstücke ja schon. Aber ob Napoleon oder Marie Antoinette, die Tochter Maria Theresias, es nach Frankreich gebracht haben, ist ungewiss.

Kakao

Christoph Kolumbus bringt um 1500 die Kakaobohne aus Amerika. Die Europäer lieben das Getränk, das sie mit Honig und Rohrzucker süßen.

Napoleon vor den Stadtmauern Wiens

WISSENS
SCHATZ

Donau-Drachen

Geschichte in der Geschichte > Seite 43
Drachen wären gefährlich, erzählen viele. Vom Donau-Drachen bei Grein berichtet man nur Gutes. Aber wie steht es um den Drachen im Wiener Brunnen?

Stillensteinklamm
Von Hannas Zuhause (Am Stillen Stein 1) bis nach Wien sind es für den Drachen 106,77 km Luftlinie.

Burgen an der Donau
In Österreich gibt es über 1.500 Burgen, Schlösser und Ruinen. Viele davon liegen an der Donau. Wie viele Hanna aus der Drachenperspektive wohl gesehen hat?

Die Greinburg ist das erste Wohnschloss Österreichs.

Post in Wien
Die erste Post wird unter Maximilian im 16 Jh. errichtet und befindet sich lange Zeit in der Wollzeile. Um die Kosten zu vereinheitlichen, wird 1850 die Briefmarke eingeführt. Postleitzahlen gibt es erst seit 1966!

1849 übersiedelt die Post in das Hauptpostgebäude in der heutigen Postgasse.

Rohrpost
Von 1873 bis 1956 wird in Wien durch ein unterirdisches Kanalsystem Rohrpost verschickt. Die Briefe werden in Kapseln mit einer Geschwindigkeit von 1 km/min durch Leitungen geschossen. Das unterirdische Netz ist 78 km lang und verbindet 50 Stationen miteinander.

In London gibt es die erste Rohrpost – mit Paketen bis zu 3 Tonnen schwer!

Brunnen in Wien
Ursprünglich dienen öffentliche Brunnen in Wien der Trinkwasserversorgung und der Brandbekämpfung. Nach und nach werden sie immer aufwändiger gestaltet – heute gibt es über 720 öffentliche Brunnen in Wien.

Die „Dritte-Mann-Tour" führt durch Teile der Kanalisation – benannt nach dem Film, der hier gedreht wurde.

Wiener Wasserschatz
Die Stadt verfügt über Trinkwasser von hervorragender Qualität. Das Wasser kommt direkt aus den Alpen. Über Hochbehälter und Rohrnetze werden die Haushalte und Brunnen in Wien mit frischem Quellwasser versorgt.

Kanalisation
Das Kanalsystem Wiens ist 2500 km lang und leitet das Schmutzwasser der Haushalte ab. Die Tunnel und Gänge werden oft als „Stadt unter der Stadt" bezeichnet: Sie werden auch als Geheimgänge benutzt, da sie das Innere der Stadt mit den Vororten verbinden.

Ein Abbild des Basilisken an einer Fassade der Schönlaterngasse erinnert an diese Sage.

Basilisk
Der Basilisk ist eines der wohl bekanntesten Fabeltiere: eine Mischung aus Hahn und Schlange. Eine Sage erzählt, dass der Basilisk im Brunnen in der Schönlaterngasse jeden, der ihn ansieht, zu Stein erstarren lässt.

Ungeheuerlich!
Hinter so furchterregenden Sagen steckt meist die Angst vor dem Unbekannten oder vor der wilden Natur. Geräusche, die durch dunkle Brunnen aus der Kanalisation nach oben steigen, klingen wohl wirklich ungeheuerlich!

Der wahre Donau-Drache
Außerdem gibt es Tiere, die dem Basilisken ähnlich sehen: Vielleicht hat sich ein Donaukammmolch in den Wiener Brunnen verirrt?

WISSENS
SCHATZ

Gold für Pech, Marie

Geschichte in der Geschichte › Seite 55
Lange Zeit wird Gold in vielen Flüssen Österreichs gefunden, auch in der Donau. Ob tatsächlich die Donaunixe über diesen Schatz wacht?

Stadttore
Solange Wien von einer Stadtmauer umgeben ist, kann man nur durch Stadttore hinein und hinaus.

Stadtmauer
Bis etwa 1858 umgibt eine Stadtmauer Wien. Damals ist Wien noch sehr viel kleiner als heute. Von 1857 bis 1864 verwandelt sie sich schließlich in die Wiener Ringstraße.

Steine, mit denen die Römer die erste Mauer gebaut haben, werden später für Teile des Stephansdoms verwendet!

Schwedenplatz / Rotenturmtor
Das Rotenturmtor zählt zu den wichtigsten Toren des alten Wiens: Es verbindet die Stadt mit dem (heutigen) Donaukanal.

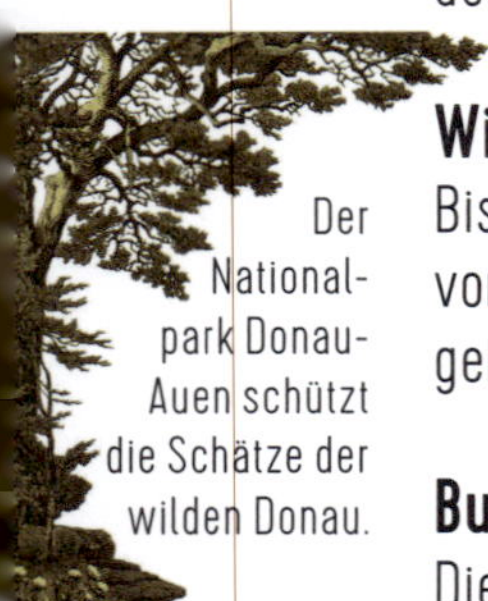

Wilde Donau
Bis ca. 1870 liegt die Donau wild und verzweigt vor den Toren Wiens – ein Überschwemmungsgebiet, das kaum zu bezwingen ist.

Der Nationalpark Donau-Auen schützt die Schätze der wilden Donau.

Buntes Wien
Die Donau ist eine der wichtigsten Handelsrouten Europas – sie bringt HändlerInnen aus weiten Teilen der Welt nach Wien.

Gold ist ein chemisches Element mit dem Elementsymbol Au. Ob daher der Begriff „Donau-Auen" stammt?

Marias Brücke
Die Stadttore sind mit Zugbrücken ausgestattet, die das Überqueren des vor der Stadt liegenden Grabens möglich machen. Heute führen viele Brücken über den Donaukanal. Die Marienbrücke verbindet seit 1905 die Innere Stadt mit dem 2. Bezirk.

Goldmarie und Pechmarie
sind die beiden Töchter, die im Märchen „Frau Holle" für ihren Fleiß mit Gold und für ihre Faulheit mit Pech übersät werden.

„Marie" ist auch ein Dialektausdruck für Geld und leitet sich wahrscheinlich vom Maria-Theresien-Taler ab.

Gold
Das Edelmetall kommt nur sehr selten als „Freigold", also mit bloßem Auge sichtbares Gold, in der Natur vor. Es ist deshalb besonders wertvoll.

Gold in der Donau
Das Goldwaschen ist die einfachste Möglichkeit, Gold zu gewinnen: Goldhaltiger Sand wird mit Wasser aufgeschwemmt, wobei sich das Gold am Boden absetzt. Auch in der Donau und vielen Flüssen Österreichs wird Gold gefunden.

Um Goldkörner zu gewinnen, werden Felle verwendet – in den feinen Haaren verfängt sich der Goldstaub.

Pech
ist auch ein zähflüssiges und widerstandsfähiges Material, das zum Bau von Straßen, Schiffen und Gebäuden verwendet wird.

Tauschhandel
Im Tauschhandel werden Waren gegen andere Waren eingetauscht, mit Einführung des Geldes Ware gegen Geld.

Reiches Wien
Bis ca. 1517 sind fremde Kaufleute verpflichtet, Waren vor dem Weitertransport den WienerInnen zum Kauf und Weiterverkauf anzubieten. So wird Wien zu einer reichen Stadt.

Am Hohen Markt werden früher vor allem Lebensmittel und Textilien gehandelt.

Schon gehört? Der goldene Vogel ist auch ein Lied der Donaupiraten!

Goldsucher an der Donau